英國門薩官方唯一授權

MENSA
全球最強腦力開發訓練

台灣門薩————審訂　　入門篇 第七級 LEVEL 7

TRAIN YOUR BRAIN
PUZZLE BOOK

MENSA全球最強腦力開發訓練
英國門薩官方唯一授權　入門篇 第七級
TRAIN YOUR BRAIN PUZZLE BOOK: PERPLEXING PUZZLES

編者	Mensa門薩學會　羅伯・艾倫（Robert Allen）等
審訂	台灣門薩
	何季蓁、孫為峰、陸茗庭、曾于修
	曾世傑、詹聖彥、鄭育承、蔡亦崴
譯者	屠建明
責任編輯	顏妤安
內文構成	賴姵伶
封面設計	陳文德
行銷企畫	劉妍伶

發行人	王榮文
出版發行	遠流出版事業股份有限公司
地址	臺北市中山北路一段11號13樓
客服電話	02-2571-0297
傳真	02-2571-0197
郵撥	0189456-1
著作權顧問	蕭雄淋律師

2021年5月31日　初版一刷
定價　平裝新台幣280元（如有缺頁或破損，請寄回更換）
有著作權・侵害必究 Printed in Taiwan
ISBN　978-957-32-9049-0
遠流博識網　www.ylib.com
E-mail: ylib@ylib.com

國家圖書館出版品預行編目(CIP)資料

全球最強腦力開發訓練：英國門薩官方唯一授權（入門篇第七級）/Mensa門薩學會, 羅伯特.艾倫(Robert Allen)等編；屠建明譯. -- 初版.
-- 臺北市：遠流出版事業股份有限公司, 2021.05
面；　公分
譯自：Train your brain puzzle book : perplexing puzzles.
ISBN 978-957-32-9049-0(平裝)

1.益智遊戲
997　　　　110004353

—————— 英國門薩官方唯一授權

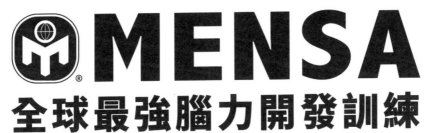

MENSA
全球最強腦力開發訓練

台灣門薩————審訂

入門篇 第七級 LEVEL 7

前言

這本智力謎題書能快速訓練你的大腦。

你的大腦準備好面對挑戰了嗎？本書充滿了各種測試你思考技巧和心智能力的謎題和任務！

本書分成三個難度等級，各有豐富的謎題。請從等級A開始，接著進展到等級B，最後進入等級C，每個階段都會給你更大的挑戰！

解謎只需要用到你的大腦，偶爾再加上一支鉛筆。多數的謎題不需要在書上寫東西就能解開，但有些地方會需要在書上做筆記；或者如果你和別人共用這本書，會需要把謎題摹寫出來。書後附有解答供你核對答案，或者在遇到瓶頸時偷瞄一眼——但你應該不會需要吧？

讓我們開始訓練吧！

關於門薩

門薩學會是一個國際性的高智商組織，會員均以必須具備高智商做為入會條件。我們在全球40多個國家，總計已經有超過10萬人以上的會員。門薩學會的成立宗旨如下：

＊為了追求人類的福祉，發掘並培育人類的智力。
＊鼓勵進行關於智力本質、特質與運用的研究。
＊為門薩會員在智力與社交面向提供具啟發性的環境。

只要是智商分數在當地人口前2％的人，都可以成為門薩學會的會員。你是我們一直在尋找的那2％的人嗎？成為門薩學會的會員可以享有以下的福利：

＊全國性與全球性的網路和社交活動。
＊特殊興趣社群──提供會員許多機會追求個人的嗜好與興趣，從藝術到動物學都有機會在這邊討論。
＊不定期發行的會員限定電子雜誌。
＊參與當地的各種聚會活動，主題廣泛，囊括遊戲到美食。
＊參與全國性與全球性的定期聚會與會議。
＊參與提升智力的演講與研討會。

歡迎從以下管道追蹤門薩在台灣的最新消息：
官網　https://www.mensa.tw/
FB粉絲專頁 https://www.facebook.com/MensaTaiwan

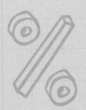

等級Ａ：超級大腦

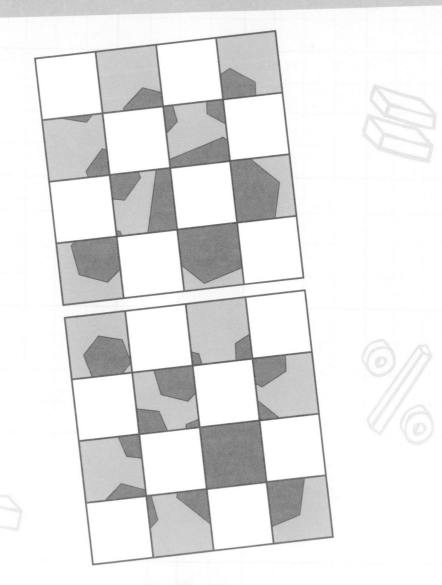

第1題

上方兩張圖完全相同，但分別被白色方格蓋住了
不同的部分。想像將兩張圖結合起來，就是一張
完整的圖。你能數出裡面有幾個六角形嗎？

第2題

如果從最小的點開始，依序將所有5的倍數
連起來，最後會出現什麼呢？

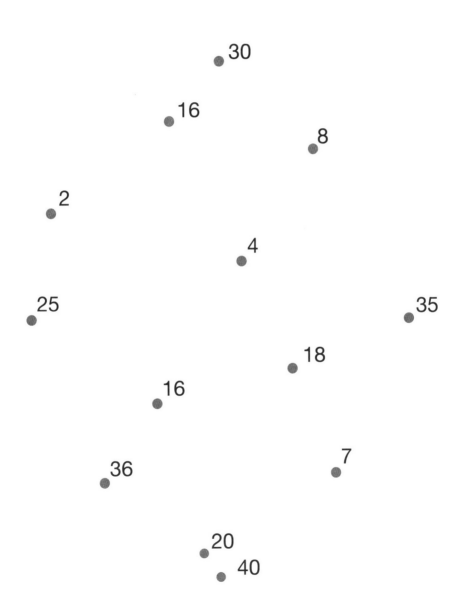

第3題

以下是一顆藍綠色標準骰子的六個面：

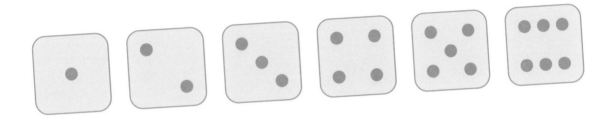

這些白色骰子上面的有些點被磨掉了，
所以無法確定每一面所顯示的點數：

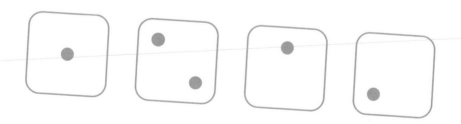

A 這四個面的點數和最大可能是多少？

B 這四個面的點數和最小可能是多少？

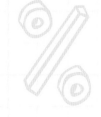

第4題

花30秒瀏覽第一組字母，接著用一張紙或一本書
把它們蓋住。

D B J H K P M O Z

接著瀏覽下方第二組，裡面有相同的字母，但
順序不同。拿出另一張紙，你能依照第一組的
順序寫出這些字母嗎？完成後檢查你的答案，
有幾個位置是正確的呢？

B D H J K M O P Z

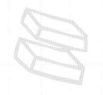

第**5**題

正中央的問號會把每個數依箭頭方向變成正
對面的數，你能找出它代表什麼關聯嗎？

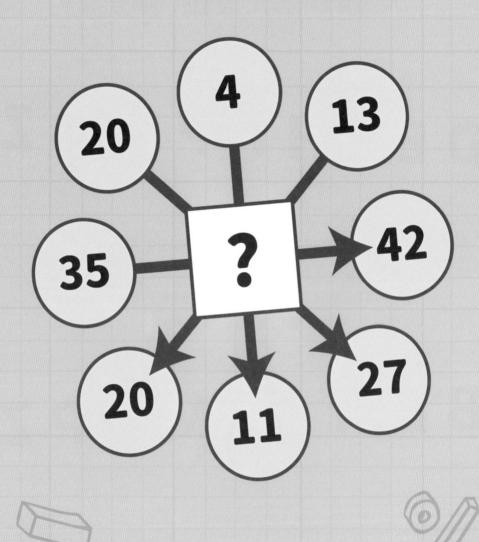

第6題

這些方格大部分（但不是全部）包含了不同的形狀組合。你能找出幾組含有相同形狀的方格呢？

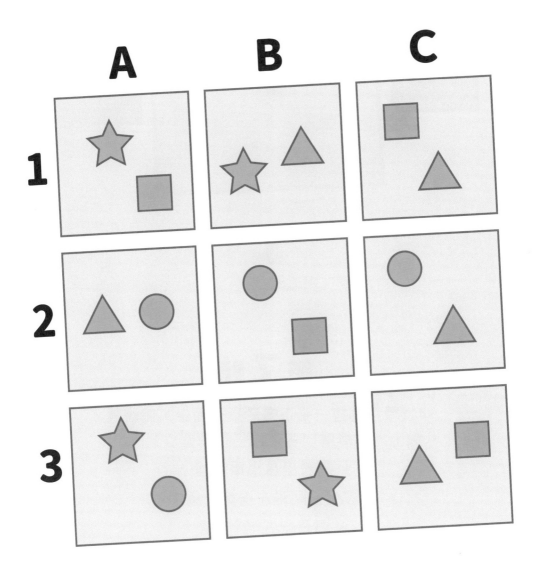

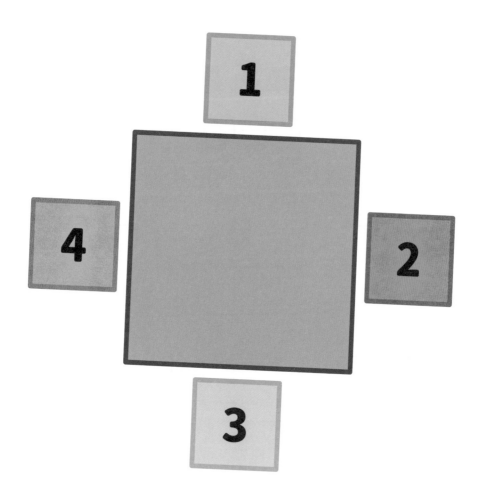

第7題

4位學生圍繞一張正方形桌子而坐，俯視圖
如上。你能解出各是誰坐在哪個位置嗎？

＊ 阿雅坐在小畢對面。

＊ 小夏坐在阿雅左邊第一個位置。

＊ 丹丹坐在4號座位。

第8題

每種形狀的重量不同。請問哪種形狀最重，
哪種形狀又最輕呢？

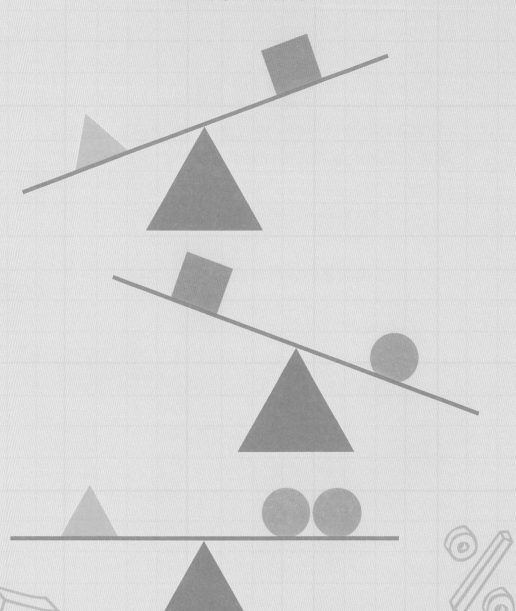

第9題

你有兩顆標準六面骰。擲兩顆骰子並將出現的點數和相加，則有兩個方式可以擲出點數和3，2加1或1加2。

有幾種方式可以擲出點數和為6？

有幾種方式可以擲出點數和為5？

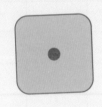

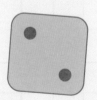

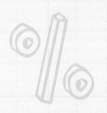

第 **10** 題

如果將這些方塊剪下重組成2×2的網格，呈現一個
實心的形狀，會出現什麼形狀呢？

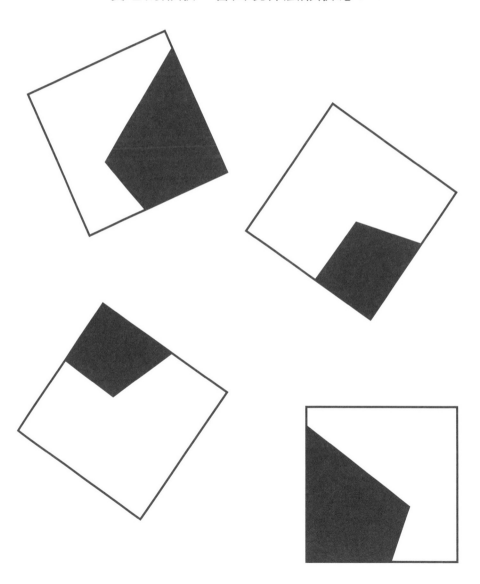

第11題

從上方的數字中挑出兩個或兩個以上相加，
得出下方的數字總和。每個總和之中所使用
的數字不能重複。

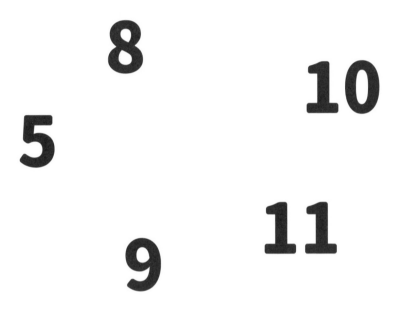

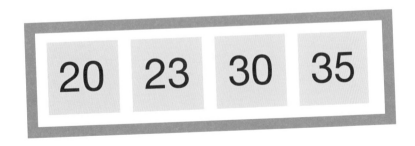

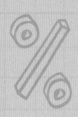

第12題

用從A到E的字母填滿空白方格，讓每行、每列和每個粗線框起來的形狀中，每個字母都剛好各出現一次。

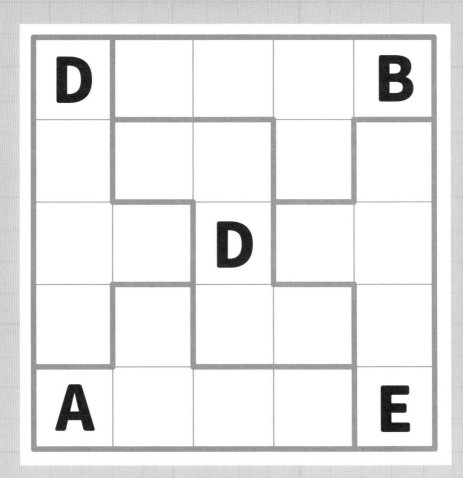

第13題

沿著方格畫線，你能想出怎麼把這個圖
分成四個相同的形狀嗎？每個方格都要
使用到，而且四個形狀不會相互重疊；
形狀可以旋轉，但不能翻面。

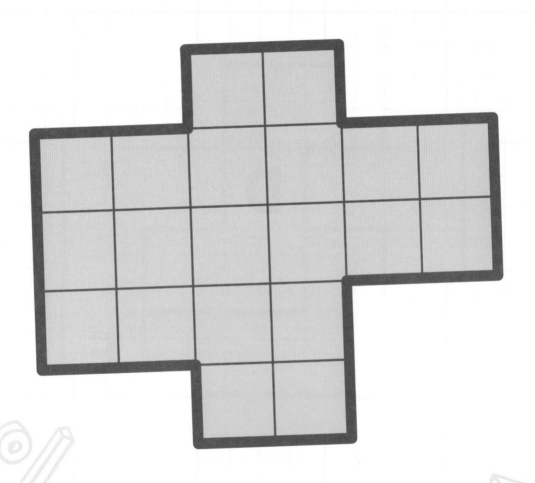

第**14**題

如果不在紙上畫出線，你能走出這個迷宮嗎？請從上
方的入口進入，再從下方的出口離開。

入口

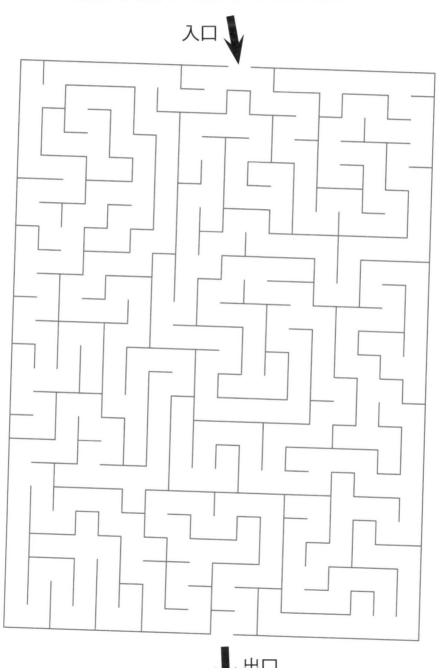

出口

第15題

你能不能解出這個算式呢？從左邊的數開始
依序使用每個運算符號，結果應該是多少？

答案

$$12 \div 6 + 20 \div 2 + 3 \div 2 \quad ?$$

第16題

A、B、C、D之中哪一塊陰影與上方的形狀完全相
符呢？為了考驗你，這些陰影都經過旋轉和縮小！

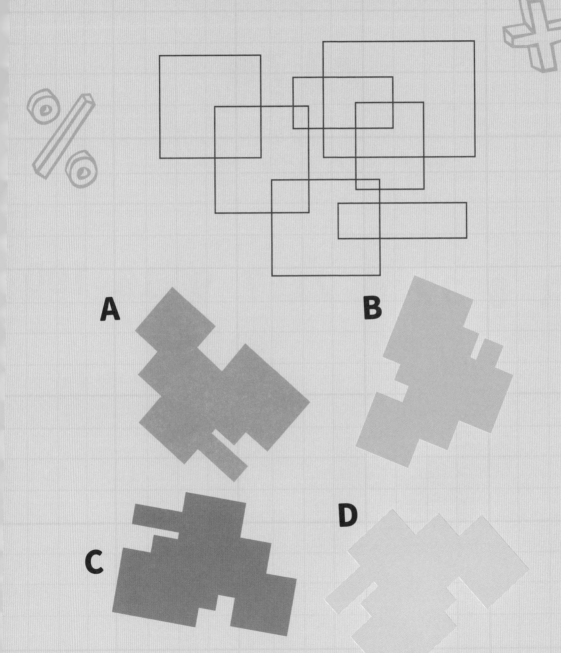

A

B

C

D

第**17**題

花30秒瀏覽這組數字，接著用一張紙或一本書把它們蓋住。在另外一張紙上盡量寫下你記得的數字；完成後再次打開這頁，你寫對了幾個數字呢？

3 8 12 4 21 7 9 16 100

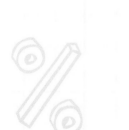

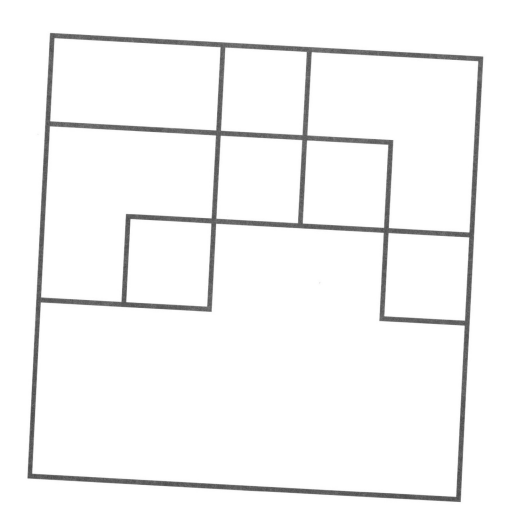

第18題

你能在這個圖中找出一共幾個任意大小的矩形
和正方形呢？有些比較難找喔！

第19題

問號應該填入A、B、C之中的哪一個，才能使天平保持平衡呢？

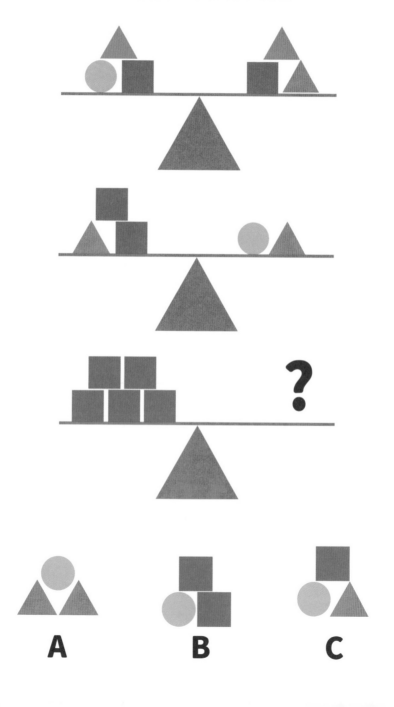

第20題

在謎題之國有六種不同面額的硬幣：
1p、2p、5p、10p、20p和50p。

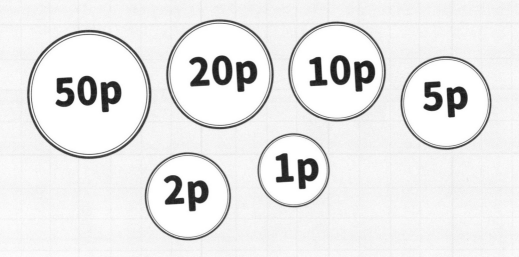

如果要買以下的物品，且不用找錢，最少
需要幾個硬幣？

A 一包要價14p的洋芋片。
B 一本要價63p的筆記本。

第21題

圖中一共有幾個立方體呢？別忘了那些
「藏在下面」的立方體！

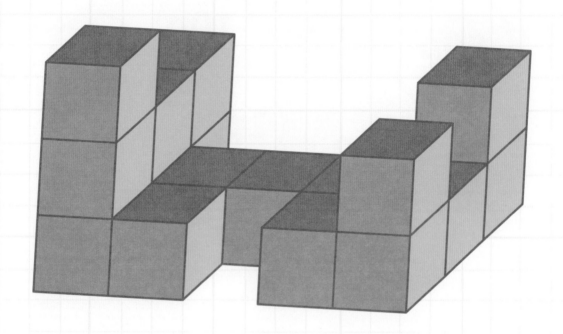

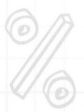

第22題

橘色區域應該放入A、B、C、D之中的
哪一個，才能構成有規律的完整圖形？

1	2	3	4	5
2	4	6	8	10
3	6			15
4	8			20
5	10	15	20	25

A

7	8
10	12

D

3	8
6	4

B

8	10
10	15

C

9	12
12	16

第23題

花30秒瀏覽這組字母，接著用一張紙或一本書把它們蓋住。在另外一張紙上盡量寫下你記得的字母；完成後再次打開這頁，你寫對了幾個字母呢？

BCHMORTVX

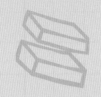

第24題

金字塔上方塊內的數字等於下方兩個數的和，但有一部分的數字被隱藏起來了。金字塔頂端的粗體問號應該是哪個數字呢？

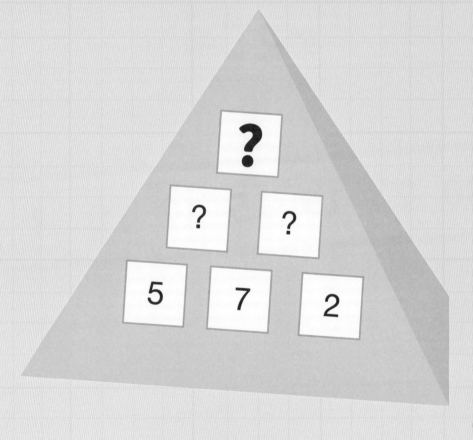

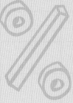

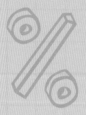

第25題

問號應該是哪個數字呢？

| 30 | 24 | 19 | 15 | 12 | 10 | ? |

第26題

請從飛鏢靶上的內圈到外圈各選一個數字，湊出下面這三組總分。舉例來說，你可以從最內圈選8、中間選8、最外圈選3來湊出總分19。

17　33　39

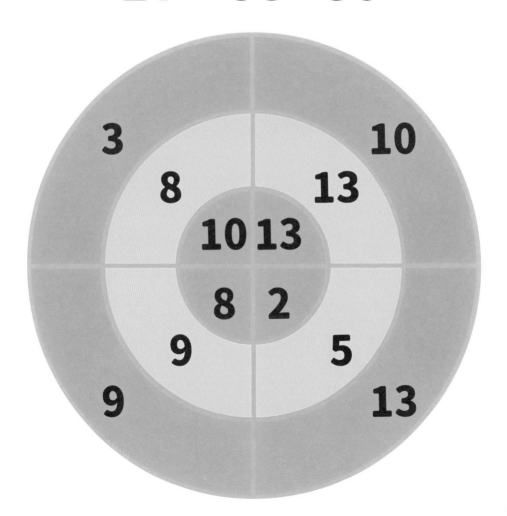

第27題

用╳或○填滿空白的方格，但水平、垂直和任意斜直線上不得有連續四個或以上的╳或○。

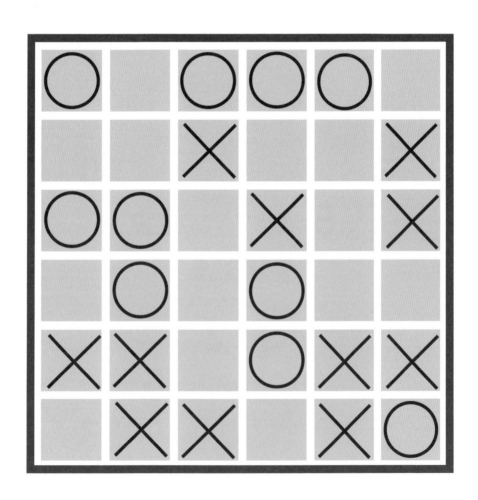

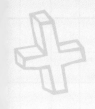

第28題

重組下方的數字和運算符號，讓算式右邊的解答可以成立。例如在第一組裡面可以排出 $3 \times 4 + 3 = 15$（提示：可自由使用括弧（ ）。）

A $\boxed{3}\ \boxed{3}\ \boxed{4}\ \boxed{+}\ \boxed{\times}\qquad \boxed{=}\ \boxed{13}$

B $\boxed{2}\ \boxed{4}\ \boxed{5}\ \boxed{+}\ \boxed{\times}\qquad \boxed{=}\ \boxed{28}$

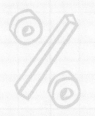

第29題

你能完成這串骨牌鏈嗎？將最下方分散的骨牌放入陰影區域的骨牌位置，讓每個骨牌相接的那端點數都相同。

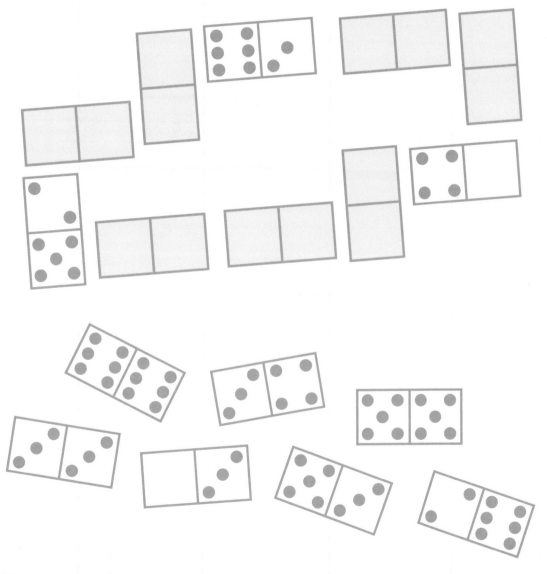

等級B：頂尖心智

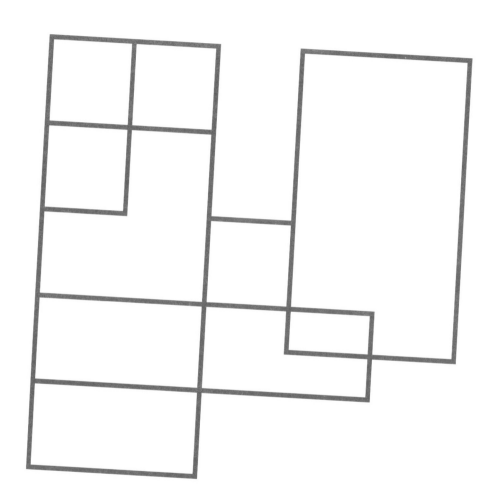

第30題

你能在這個圖中找出一共幾個任意大小的矩形和正方形呢？有些比較難找喔！

第**31**題

你能計算出以下的時間嗎？最上方
是計算完畢的範例。

08:05 - 07:55 = **00:10**　07:35 + 06:40 = **14:15**

13:30 + 02:00 =　　10:35 - 04:15 =

14:55 - 10:30 =　　10:30 + 05:35 =

10:45 - 06:40 =　　17:20 + 00:40 =

23:45 - 07:20 =　　22:50 - 11:15 =

03:50 - 02:25 =　　19:50 - 14:30 =

05:45 + 07:55 =　　18:35 - 11:55 =

10:20 - 04:35 =　　16:05 - 06:40 =

第32題

在這些圖形之中，只有一個無法在剪下來之
後沿著線摺成正方體。在不真的剪下來的前提
下，你能找出是哪一個嗎？

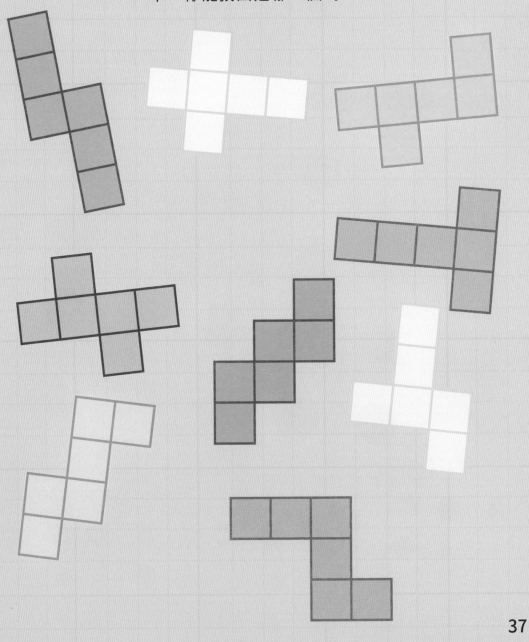

第33題

藍綠色區域應該放入A、B、C、D之中的哪一個，才能構成有規律的完整圖形？

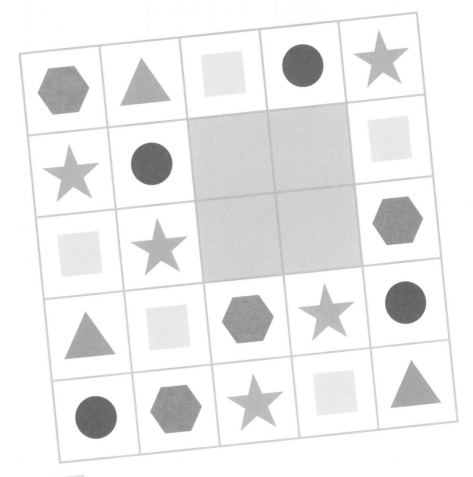

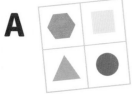 **A**
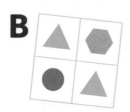 **B**
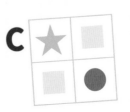 **C**
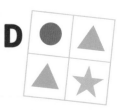 **D**

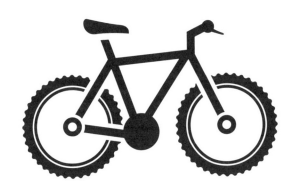

第34題

你用時速6公里騎腳踏車10分鐘，接著減速
到時速3公里騎20分鐘。在這半小時內，你
一共行進了多長距離？

第35題

以下所有數字都出現兩次，只有一個出現三次。
請問是哪個數字呢？

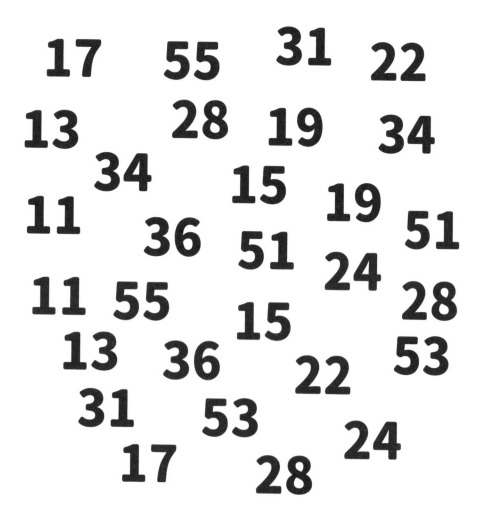

第36題

在空白方格中填入1到8的數字，解開這個8×8
的數獨謎題。每行、每列和每個粗線框起的方
格內都不能有重複的數字。

	5					1	
3	4					6	8
		3	6	1	4		
		4			7		
		8			1		
		1	3	4	5		
4	6					5	1
	3					4	

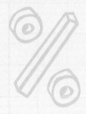

第37題

問號應該是哪個字母呢？

BEHKNQ？

第38題

用A到F的字母填滿空白方格，讓每行和每列上的字母都不重複。相同的字母不可相鄰，也不能斜對角相接。

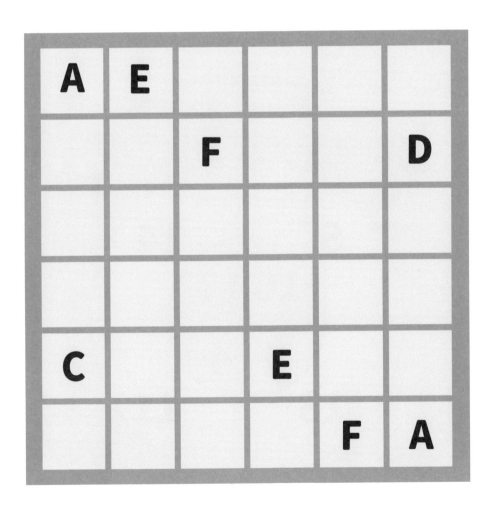

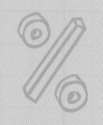

第39題

請從飛鏢靶上的內圈到外圈各選一個數字，湊出
下面這三組總分。舉例來說，你可以從最內圈選
4、中間選6、最外圈選6來湊出總分16。

20　25　33

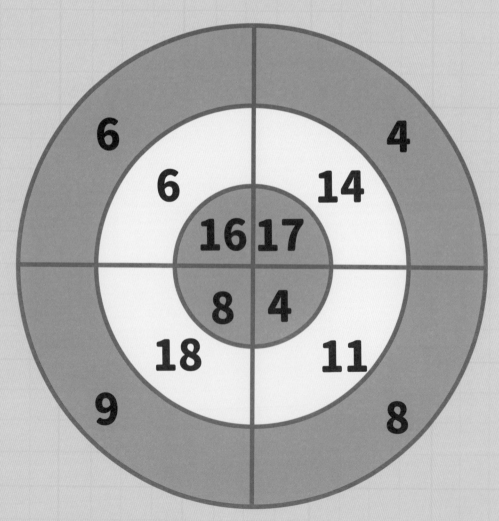

第40題

重組下方的數字和運算符號，讓算式右邊的解
答可以成立。例如在第一組裡面可以排出3×2
+1+1＝8（提示：可自由使用括弧（）。）

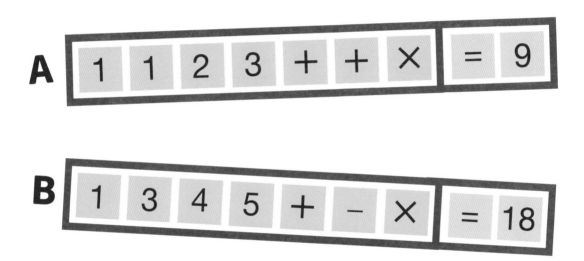

A 1 1 2 3 ＋ ＋ × ＝ 9

B 1 3 4 5 ＋ － × ＝ 18

第41題

找出隱藏的地雷！方格中每個數字顯示了相鄰（含斜對角相接）的方塊中有幾個有地雷；有數字的方塊本身則沒有地雷。請把沒有地雷的方塊塗黑，有地雷的畫╳。

2		2			0
	3		3	3	1
3		4			1
2				3	
	4		3		1
		1		1	1

第42題

每種形狀的重量不同。請問哪種形狀最重，
哪種形狀又最輕呢？

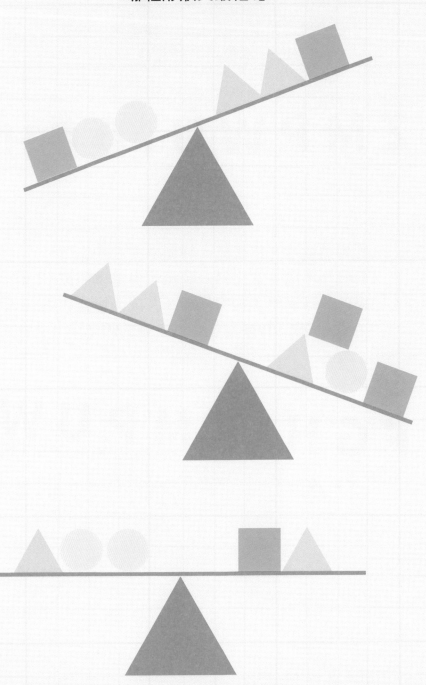

第43題

花30秒瀏覽第一組字母，接著用一張紙
或一本書把它們蓋住。

KZMPWUIDFHG

接著瀏覽下方第二組，裡面有相同的字母，
但順序不同。拿出另一張紙，你能依照第一
組的順序寫出這些字母嗎？完成後檢查你的
答案，有幾個位置是正確的呢？

DFGHIKMPUWZ

第44題

圖中一共有幾個立方體呢？別忘了數那些
「藏在下面」的立方體！

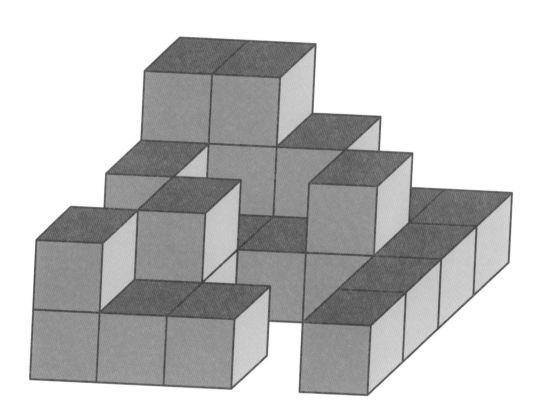

第45題

哪個形狀和其他形狀不是同類？為什麼？

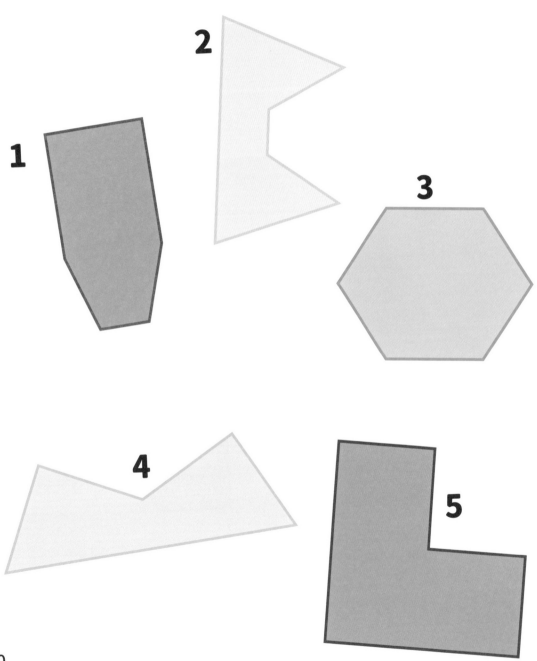

第46題

你能走出這個圓形迷宮嗎？請從上方的入口進入，
再從下方的出口離開。

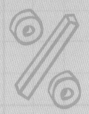

入口

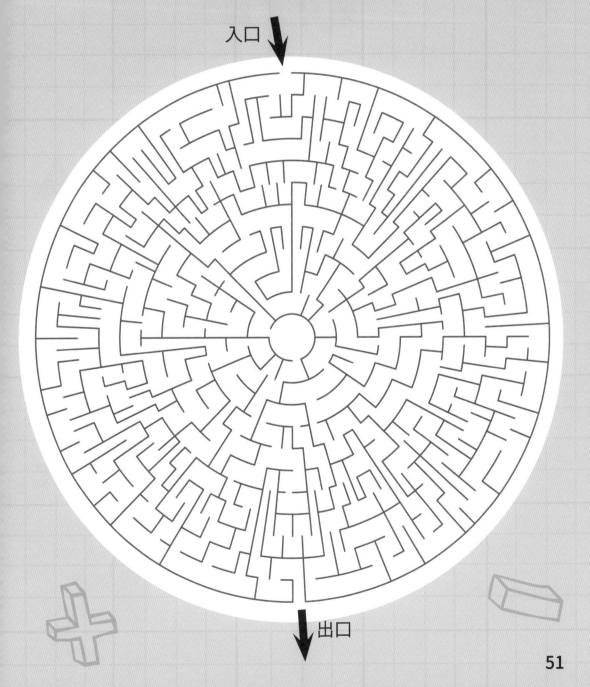

出口

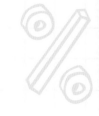

第47題

花30秒瀏覽第一組形狀，接著用一張紙或一本書把它們蓋住。

接著瀏覽下方第二組，裡面有相同的形狀，但順序不同。拿出另一張紙，你能依照第一組的順序畫出這些形狀嗎？完成後檢查你的答案，有幾個位置是正確的呢？

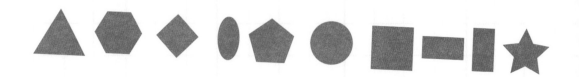

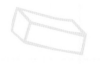

第48題

如果不在紙上畫出線，你能走出這個迷宮嗎？
請從上方的入口進入，再從下方的出口離開。

入口

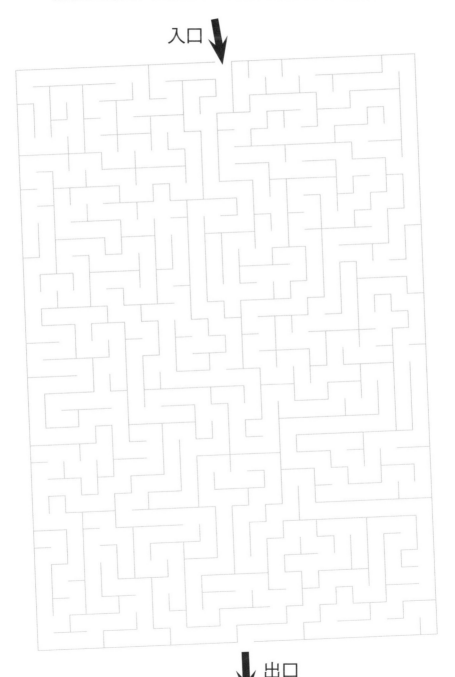

出口

第49題

問號應該是哪個數字呢？

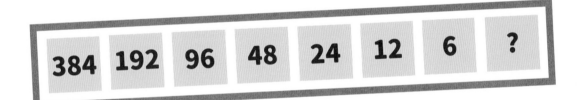

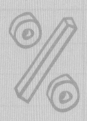

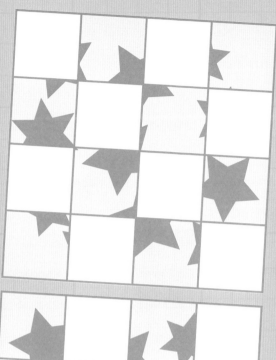

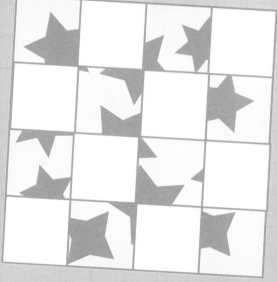

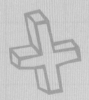

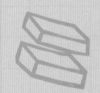

第**50**題

上方兩張圖完全相同，但分別被白色方格蓋
住了不同的部分。想像將兩張圖結合起來，就
是一張完整的圖。你能數出裡面有幾個六角形
嗎？注意：有的星星不是五個角！

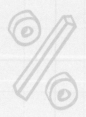

第51題

你能不能解出這個算式呢？從左邊的數開始依
序使用每個運算符號，結果應該是多少？

$$6 \quad \times 8 \quad -11 \quad +5 \quad \times \tfrac{1}{3} \quad \div 7 \quad ?$$

第52題

在方格中畫出直線連接每對相同的形狀，
如範例所示：

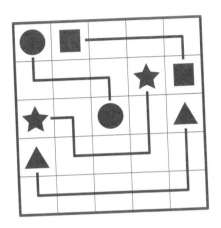

直線不能互相交錯或接觸，每個方格中只能出現一條
線，且不能畫斜線。解出下方的謎題吧：

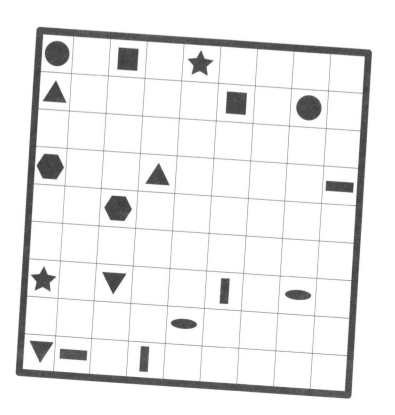

第53題

從上方的數字中挑出兩個或兩個以上相加，
得出下方的數字總和。每個總和之中所使用
的數字不能重複。

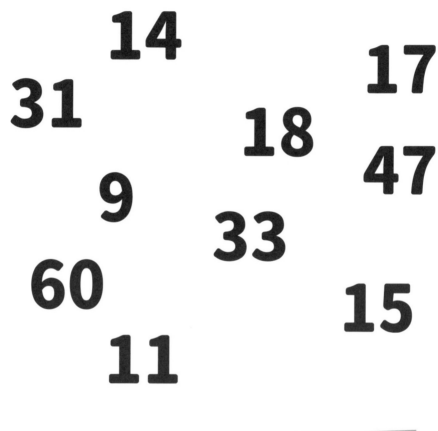

第54題

正中央的問號會把每個數依箭頭方向變
成正對面的數，問號應該各是哪個數字
呢？這個謎題有兩個步驟：先算乘法，
再算加法。

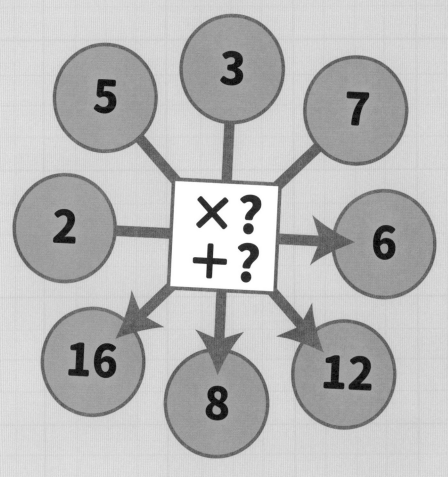

第55題

花30秒瀏覽這組詞彙，接著用一張紙或一本書把它
們蓋住。在另外一張紙上盡量寫出你記得的詞彙；
完成後再次打開這頁，你寫對了幾個詞彙呢？

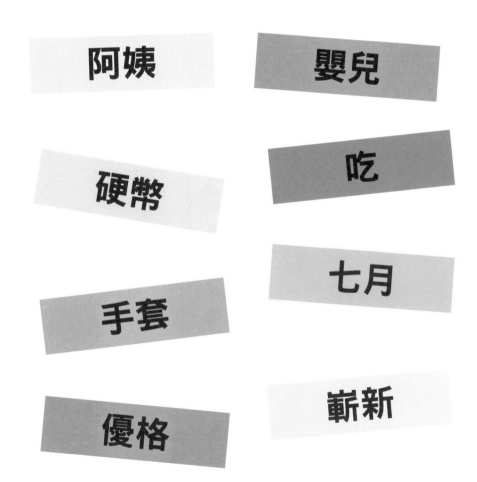

阿姨　　　嬰兒

硬幣　　　吃

七月

手套

嶄新

優格

第56題

你能解出中央的問號所代表的關係嗎？它們會把每個數依箭頭方向變成正對面的數。為了增加難度，其中一個結果的數字被隱藏了。這個謎題有兩個步驟：先算乘法，再算減法。

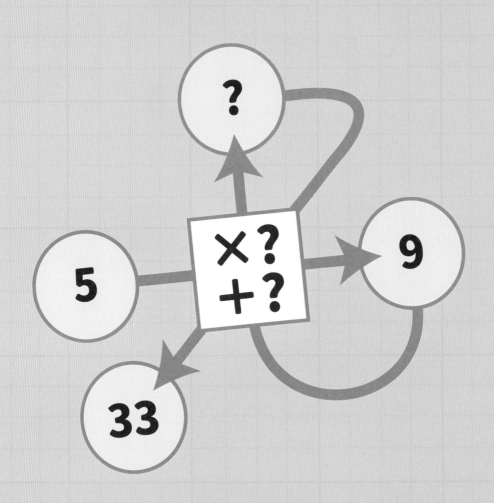

第57題

如圖所示，4間門牌號碼分別是1、3、5、7
的房子沿著街道排列。你能解出每間房子住
的各是誰嗎？

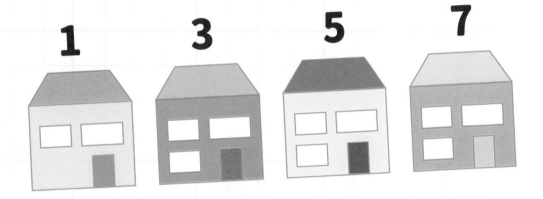

* 蓋兒住在號碼最大
  的兩間房子之一。

* 小戴住的房子號碼比
  文德的房子號碼大。

* 莉莉房子的號碼比
  蓋兒和文德這兩間
  房子的號碼加起來
  還大。

第58題

將A到C的圖形依照對應的箭頭旋轉，結果各是1、2、3
之中的哪一個呢？換句話說，就是把圖A順時鐘旋轉90
度；圖B旋轉180度；圖C逆時鐘旋轉90度。

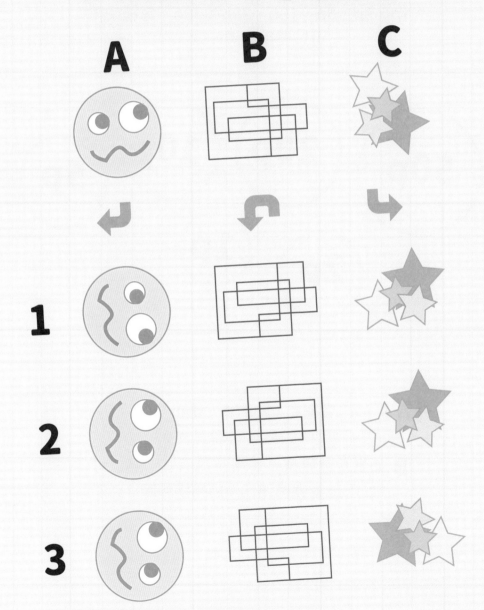

第59題

在謎題之國有六種不同面額的硬幣：
1p、2p、5p、10p、20p和50p。每種硬幣
可以使用超過一次。

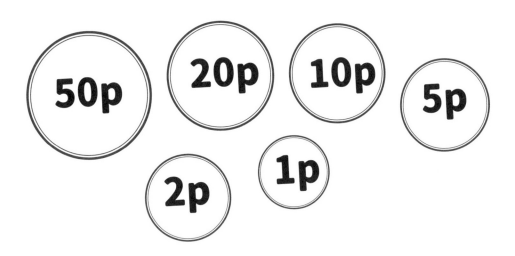

A 你的口袋裡有4個硬幣，總和低於50p。
這4個硬幣的最高總額是多少呢？

B 如果每種硬幣不使用超過兩個，最多可
以用幾個硬幣湊出45p的總額呢？

第60題

我每天吃剛好兩顆蘋果，但到了周末一天只
吃一顆。在一整個二月裡（28天），我一共
吃了幾顆蘋果？

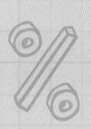

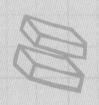

第61題

你能走出這個迷宮嗎？請從上方的入口進
入，再從下方的出口離開。有些路徑會依照
橋的標記相互交錯。

入口

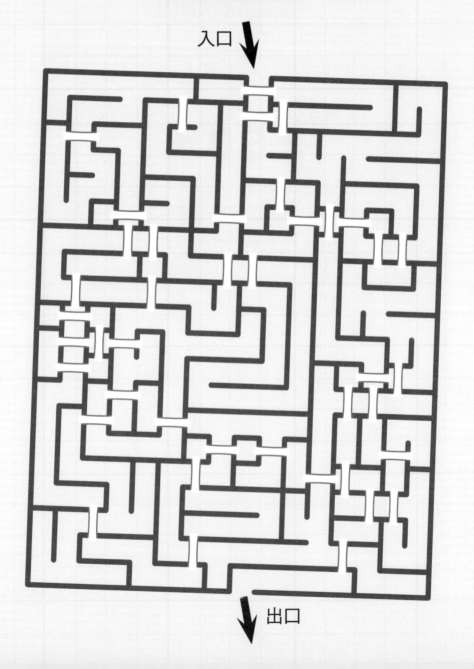

出口

第62題

這些方格大部分（但不是全部）包含了不同的形狀組合。你能找出幾組含有相同形狀的方格呢？

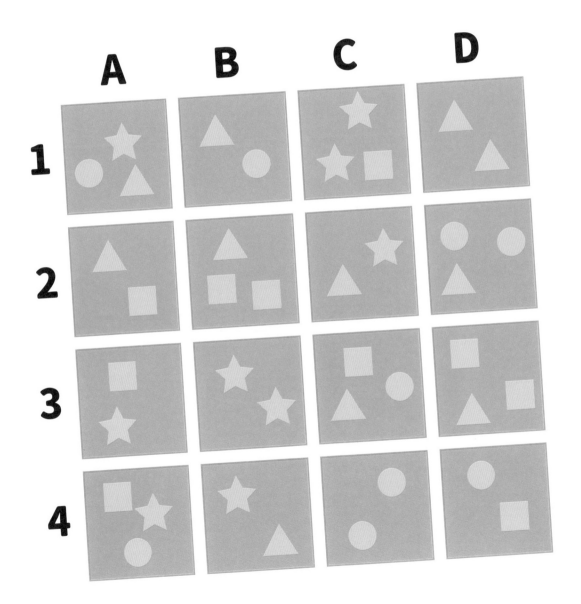

第63題

用A到F的字母填滿空白方格，讓每行、每列
和每個粗線框起來的形狀中，每個字母都剛好
各出現一次。

第64題

如果將這些方塊剪下重組成2×3的
網格，呈現一個實心的符號，會出
現什麼符號呢？

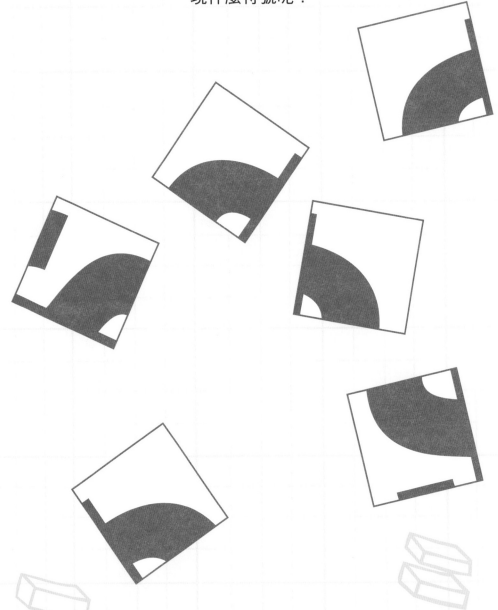

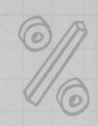

第65題

沿著方格畫線，你能想出怎麼把這個圖分成四個相同的形狀嗎？每個方格都要使用到，而且四個形狀不會相互重疊；形狀可以旋轉，但不能翻面。

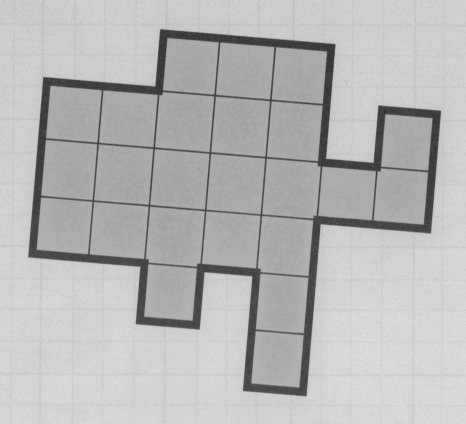

第66題

從上方的數字中挑出兩個或兩個以上相加，得出下方的數字總和。每個總和之中所使用的數字不能重複。

31

37

11

8

12

21

36

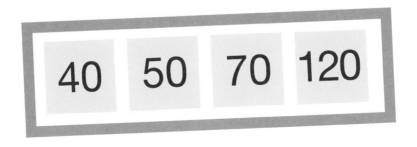

第67題

花30秒瀏覽這組形狀，接著用一張紙或一本書把它們蓋住。在另外一張紙上以相同順序盡量畫出你記得的形狀；完成後再次打開這頁，你畫對了幾個形狀和位置呢？

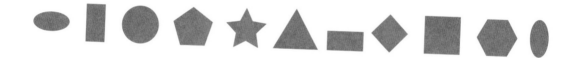

第68題

在空白方格中填入1到6的數字，讓每行、每列和
每個粗線框起來區域中的數字都不重複；且中間
有V的相鄰方格相加必須等於5，中間有X的相鄰
方格相加必須等於10。

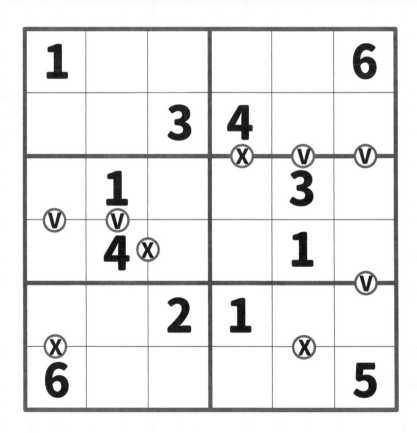

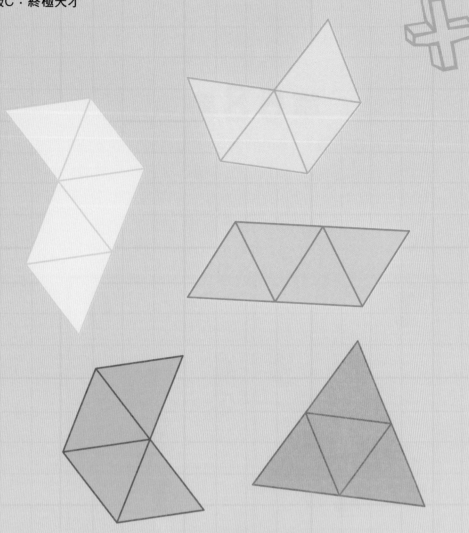

第69題

在這些圖形之中，有幾個可以在剪下來之後沿著線摺成有四個面的正四面體。在不真的剪下來的前提下，你能找出是哪幾個無法摺成正四面體嗎？

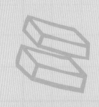

第70題

你能不能解出這個算式呢？從左邊的數開始
依序使用每個運算符號，結果應該是多少？

$$7 \quad \times 7 \quad +15 \quad -8 \quad \div 7 \quad \times \tfrac{1}{4} \quad ?$$

第71題

移動剛好三根火柴來讓這隻魚往反方向前進。這隻魚要長得跟原來完全一樣，但面對反方向。

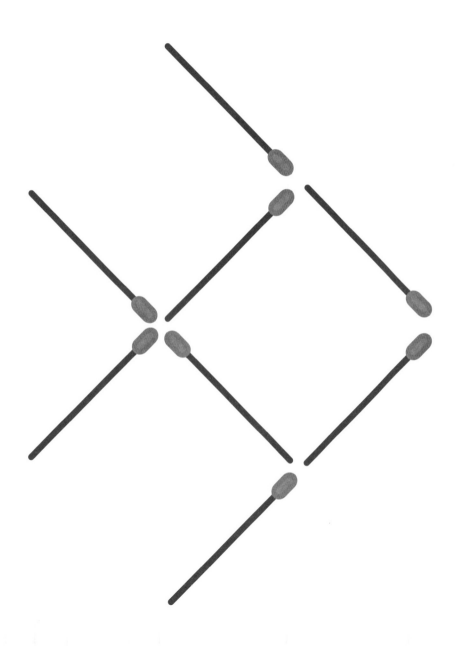

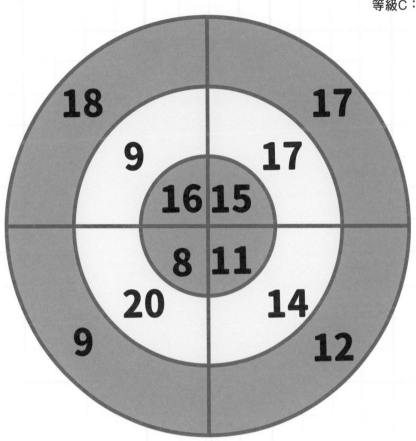

第72題

請從飛鏢靶上的內圈到外圈各選一個數字，湊出下面這三組總分。舉例來說，你可以從最內圈選11、中間選9、最外圈選9來湊出總分29。

33　36　51

第73題

A、B、C、D之中哪一塊陰影與上方的形狀完全相符
呢？為了考驗你，這些陰影都經過旋轉和縮小！

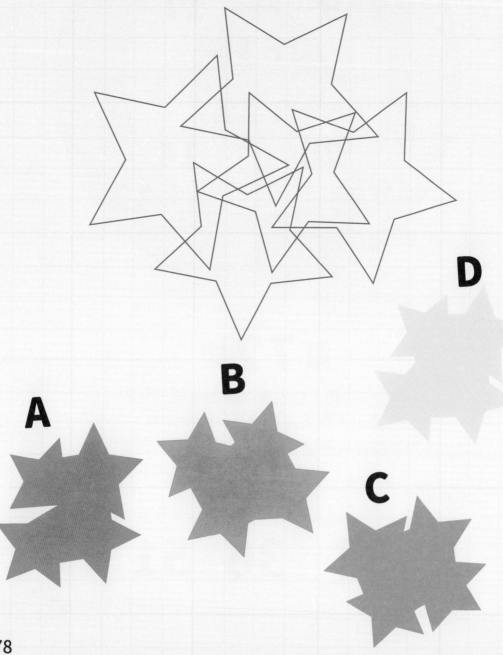

第**74**題

問號應該是哪個注音符號呢？給你一個提示：
用數字順序（一、二、三……）來思考！

一 ㄦ ㄙ ㄙ ㄨ ㄌ ㄑ ㄅ ？

第75題

如果三角形重3公斤，正方形和圓形
分別重多少呢？

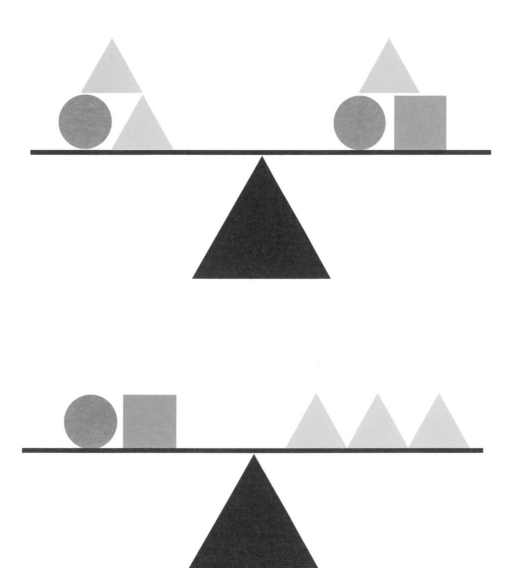

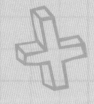
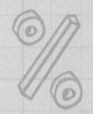

第76題

花30秒瀏覽這組數字，接著用一張紙或一
本書把它們蓋住。在另外一張紙上盡量寫
下你記得的數字；完成後再次打開這頁，
你寫對了幾個數字呢？

99 91 55 53 37 81 35 38 19

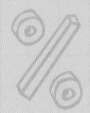

第77題

你能在這個圖中找出一共幾個任意大小的矩形和正方形呢？有些比較難找喔！

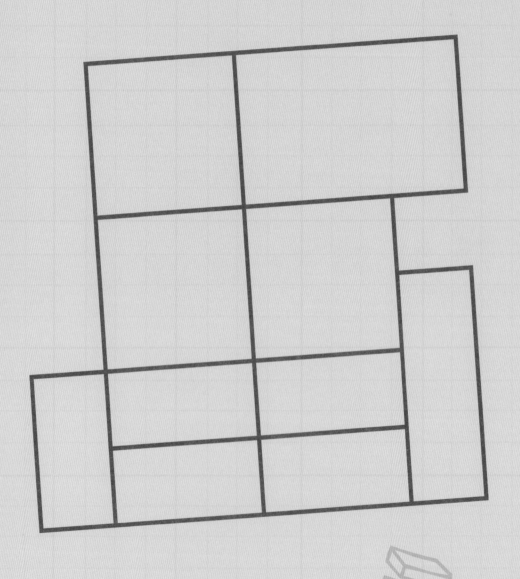

第78題

從A到Z的每個字母都出現兩次，只有一個出現三次。請問是哪個字母呢？

V R E V H C
U P C B Y I X S
A Z Q R N F
W I L E K O
D K H G A
U X T M Z
Y F N J D
W S G L P
Q M T G L O P

第79題

問號應該是哪個數字呢？

2   4   6   10   16   26   42   68   ?

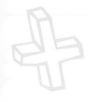

第80題

在空白方格中填入1到5的數字，使每行、每
列上的數字都不重覆。方格外的線索標示了
任意斜直線上所有數字的總和。

範例中依照提供的線索畫出了幾條任意斜直
線。注意：任意斜直線上的數字可以重複。

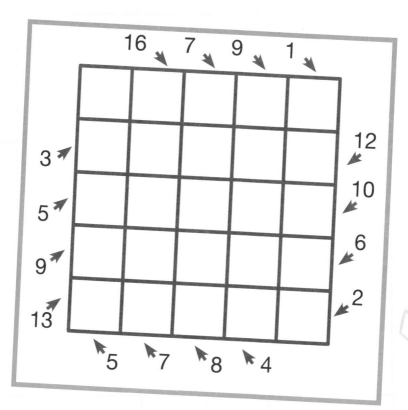

第**81**題

金字塔上方塊內的數字等於下方兩個數的和，但有一部分的數字被隱藏起來了。金字塔頂端的粗體問號應該是哪個數字呢？

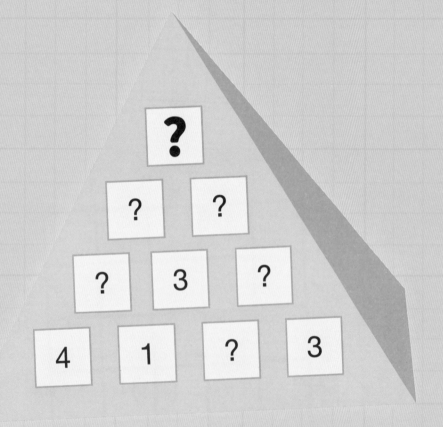

第82題

用╳或〇填滿空白的方格，但水平、垂直和任
意斜直線上不得有連續四個或以上的╳或〇。

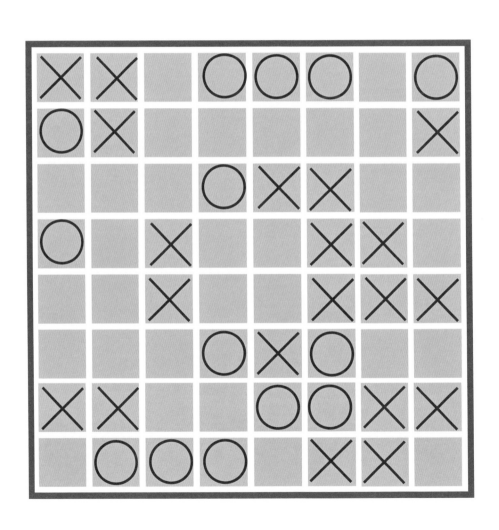

第83題

重組下方的數字和運算符號，讓算式右邊的解答
可以成立。例如在第一組裡面可以排出3×4＋9
－6＝15（提示：可自由使用括弧（）。）

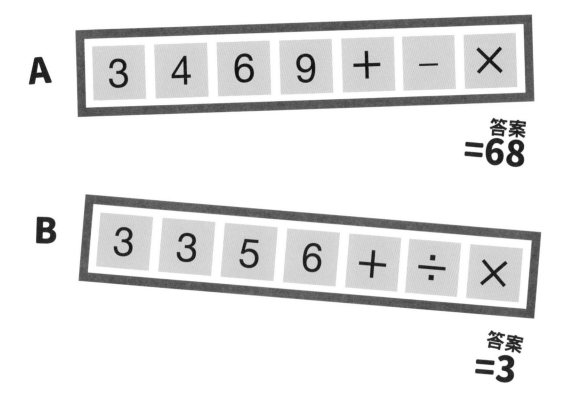

A 3 4 6 9 ＋ － ×

答案
=68

B 3 3 5 6 ＋ ÷ ×

答案
=3

第84題

如果從最小的點開始，依序將所有9
的倍數連起來，最後會出現什麼呢？

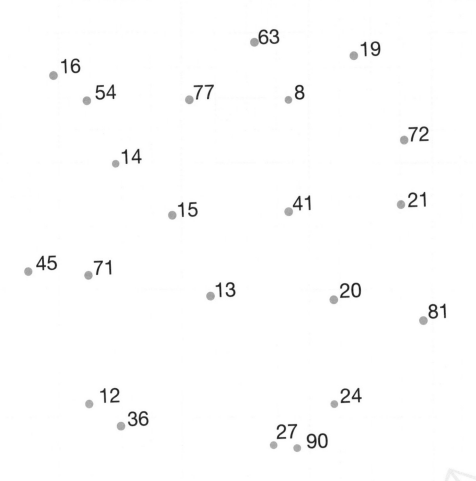

解答

第1題
有6個六角形。

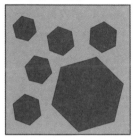

第2題
菱形。

第3題
A：23 = 5 + 6 + 6 + 6
B：11 = 1 + 2 + 6 + 2

第4題
答對5個以上很好；7個以上很棒；9個超厲害！

第5題
+ 7。

第6題
3組：A1-B3、A2-C2和C1-C3。

第7題
阿雅在1號座位、小夏在2號座位、小畢在3號座位、丹丹在4號座位。

第8題
三角形最重；正方形最輕。

第9題
5種得到點數和為6的方法：1+5、2+4、3+3、4+2、5+1。
4種得到點數和為5的方法：1+4、2+3、3+2、4+1。

第10題
一個五角形。

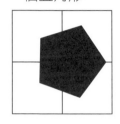

第11題
20 = 9 + 11
23 = 5 + 8 + 10
30 = 9 + 10 + 11
35 = 5 + 9 + 10 + 11

第12題

D	C	A	E	B
C	B	E	D	A
E	A	D	B	C
B	E	C	A	D
A	D	B	C	E

第13題

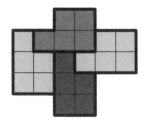

第14題

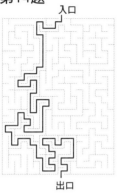

入口

出口

第15題

| 12 | 2 | 22 | 11 | 14 | 7 |

第16題

陰影C。

第17題

答對5個以上很好；7個以上很棒；9個超厲害！

第18題

共有14個矩形和正方形。

第19題

C。

第20題

A：3個硬幣。10p + 2p + 2p
B：4個硬幣。50p + 10p + 2p + 1p

第21題

17個立方體：底層11個、上面一層5個、頂層1個。

第22題

C。第一列的值從左到右加1；第二列從左到右加2；第三列從左到右加3；以此類推。

第23題

答對5個以上很好；7個以上很棒；9個超厲害！

第24題

21。

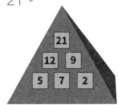

第25題

9。每個數字之間的差都遞減1。

第26題

17 = 2 + 5 + 10
33 = 10 + 13 + 10
39 = 13 + 13 + 13

第27題

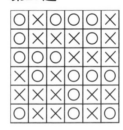

第28題

A：3 × 3，再+ 4
B：2 + 5，再× 4

第29題

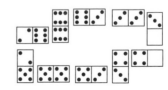

第30題
共有19個矩形和正方形。別忘了有些形狀是重疊的，或由不只一個形狀組成。

第31題

08:05 - 07:55 = **00:10**　　07:35 + 06:40 = **14:15**
13:30 + 02:00 = **15:30**　　10:35 - 04:15 = **06:20**
14:55 - 10:30 = **04:25**　　10:30+ 05:35 = **16:05**
10:45 - 06:40 = **04:05**　　17:20 + 00:40 = **18:00**
23:45 - 07:20 = **16:25**　　22:50 - 11:15 = **11:35**
03:50 - 02:25 = **01:25**　　19:50 - 14:30 = **05:20**
05:45 + 07:55 = **13:40**　　18:35 - 11:55 = **06:40**
10:20 - 04:35 = **05:45**　　16:05 - 06:40 = **09:25.**

第32題

第33題
B。每行和每列都沒有重複的形狀。

第34題
2公里。

第35題
28。

第36題

8	5	6	2	7	3	1	4
3	4	7	1	5	2	6	8
7	8	3	6	1	4	2	5
2	1	4	5	8	7	3	6
5	2	8	4	6	1	7	3
6	7	1	3	4	5	8	2
4	6	2	7	3	8	5	1
1	3	5	8	2	6	4	7

第37題
T。字母表從B開始每次跳過兩個字母。

第38題

A	E	D	B	C	F
B	C	F	A	E	D
F	A	E	D	B	C
D	B	C	F	A	E
C	F	A	E	D	B
E	D	B	C	F	A

第39題
20 = 8 + 6 + 6
25 = 8 + 11 + 6
33 = 16 + 11 + 6

第40題
A：3 + 1，再×2，再+ 1
B：5×4，再- 3，再+ 1

第41題

第42題
正方形最重，三角形最輕。

第43題
答對6個以上很好；8個以上很棒；11個超厲害！

第44題
26個立方體：底層有17個，上面一層有7個，頂層有2個。

第45題

形狀4。它有5個邊，而其他的都有6個邊。

第46題

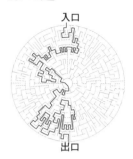

第47題

答對6個以上很好；8個以上很棒；10個超厲害！

第48題

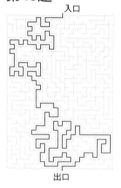

第49題

3。數字逐格減半。

第50題

有7個五角星。

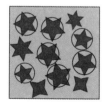

第51題

| 6 | 48 | 37 | 42 | 14 | 2 |

第52題

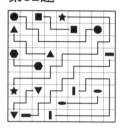

第53題

31 = 14 + 17
33 = 15 + 18
47 = 14 + 15 + 18
60 = 11 + 14 + 17 + 18

第54題

× 2 + 2。

第55題

答對4個以上很好；6個以上很棒；8個超厲害！

等級C：終極天才

第56題

×2 - 1。缺少的數是17。

第57題

1：文德，2：小戴，3：蓋兒，4：莉莉。

第58題

A1，B3，C2。

第59題

A：47p=20p+20p+5p+2p
B：7個硬幣
=20p+10p+5p+5p+2p+2p+1p

第60題

48個蘋果：4個星期×5個平日×2個蘋果=40、4個星期×2個周末天×1蘋果=8。

第61題

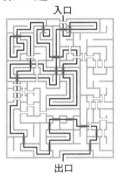

入口

出口

第62題

2組：B2-D3和C2-B4。

第63題

A	E	C	B	F	D
C	F	B	D	A	E
B	D	A	C	E	F
F	C	E	A	D	B
E	A	D	F	B	C
D	B	F	E	C	A

第64題

金錢符號「$」。

第65題

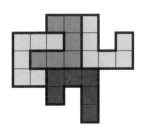

第66題

40 = 8 + 11 + 21
50 = 8 + 11 + 31
70 = 12 + 21 + 37
120 = 8 + 11 + 12 + 21 + 31 + 37

第67題

答對5個以上很好；7個以上很棒；11個超厲害！

第68題

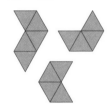

第69題

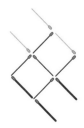

第70題

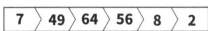

7	49	64	56	8	2

第71題

第72題
$33 = 15 + 9 + 9$
$36 = 15 + 9 + 12$
$51 = 16 + 17 + 18$

第73題
陰影D。

第74題
九的「ㄐ」。題目為一、二、三、四、五、六、七、八的注音符號，以此類推。

第75題
正方形= 3公斤；圓形= 6公斤。

第76題
答對5個以上很好；7個以上很棒；9個超厲害！

第77題
共有27個矩形和正方形。別忘了有些形狀是重疊的，或由不只一個形狀組成。

第78題
P。

第79題
110。每個數等於前面兩個數的和。

第80題
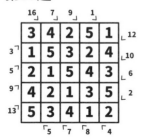

第81題
16。

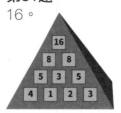

第82題
×	×	×	○	○	○	×	○
○	×	○	×	×	○	○	×
×	×	○	×	○	×	○	○
○	×	○	×	○	○	○	×
×	○	○	○	×	×	×	○
○	×	×	○	×	○	×	×
×	×	×	×	○	○	×	○
×	○	○	○	×	×	○	○

第83題
A：$9 + 3$，再 $\times 6$，再$- 4$
B：3×5，再$+ 3$，再$\div 6$

第84題
一個七邊形。